Lukas and the Secret of the Christmas Star: Bilingual German-English Christmas Stories for Kids

Pomme Bilingual

Published by Pomme Bilingual, 2024.

While every precaution has been taken in the preparation of this book, the publisher assumes no responsibility for errors or omissions, or for damages resulting from the use of the information contained herein.

LUKAS AND THE SECRET OF THE CHRISTMAS STAR: BILINGUAL GERMAN-ENGLISH CHRISTMAS STORIES FOR KIDS

First edition. November 5, 2024.

Copyright © 2024 Pomme Bilingual.

ISBN: 979-8227165701

Written by Pomme Bilingual.

Table of Contents

Max und der Weihnachtsmarkt-Zauber

Es war eine kalte, klare Nacht im Dezember, und Max konnte seine Aufregung kaum verbergen. Heute Abend ging es mit seiner Familie auf den Weihnachtsmarkt – sein absolutes Lieblingsereignis im Jahr! Die Lichter funkelten, der Duft von Lebkuchen und Bratäpfeln lag in der Luft, und überall hörte man fröhliche Musik und das Lachen der Menschen.

Als sie den Weihnachtsmarkt erreichten, konnte Max nicht widerstehen, ein wenig auf eigene Faust loszuziehen. Er versprach seiner Mutter, nicht weit zu gehen, und schon bald wanderte er begeistert von Stand zu Stand. Da gab es handgeschnitzte Holztiere, glänzende Christbaumkugeln und sogar eine kleine Eisenbahn, die rund um einen Miniatur-Weihnachtsbaum fuhr.

Doch plötzlich, hinter einem großen Lebkuchenstand, entdeckte Max einen kleinen, unscheinbaren Stand, den er noch nie zuvor gesehen hatte. Der Stand war mit Lichtern und Glöckchen geschmückt, die leise klingelten, als Max näherkam. Ein altes, freundliches Männchen mit einem weißen Bart und einem roten Schal lächelte ihm zu.

„Willkommen, Max," sagte der Mann geheimnisvoll. „Hast du Lust auf ein bisschen Magie?"

Max staunte. Woher kannte der Mann seinen Namen? Doch bevor er darüber nachdenken konnte, sah er die Spielzeuge auf dem Stand: glitzernde Schneekugeln, winzige Trompeten, Puppen und kleine, hölzerne Figuren, die wie lebendig wirkten.

„Jedes dieser Spielzeuge kann dir einen kleinen Wunsch erfüllen," erklärte der Mann mit einem Augenzwinkern. „Aber sei vorsichtig mit deinen Wünschen!"

Max kicherte und entschied sich für eine winzige Spielzeug-Schneeflocke. „Ich wünschte, ich könnte eine riesige Schneeballschlacht gewinnen!" flüsterte er und drückte die Schneeflocke fest.

Wie durch Zauberei war er plötzlich von Schneebällen umgeben, die wie von selbst flogen und ihn perfekt trafen, ohne dass er etwas tun musste. Er lachte und genoss die Magie – bis er schließlich erschöpft und lachend auf dem Boden lag.

Aber Max konnte nicht aufhören! Als nächstes nahm er eine kleine, glitzernde Laterne. „Ich wünsche mir, dass alle Lichter auf dem Markt heller strahlen!" sagte er und hielt die Laterne hoch. Plötzlich wurden alle Lichter um ihn herum so hell, dass der ganze Markt wie im Tageslicht erstrahlte. Die Menschen applaudierten und freuten sich, und Max fühlte sich wie ein richtiger Zauberer.

Dann jedoch beging Max einen Fehler. Er sah sich um und nahm eine winzige, weiße Figur in Form eines Schneemanns. Ohne groß nachzudenken, flüsterte er: „Ich wünschte, der ganze Schnee wäre weg!"

Im selben Moment wurde alles still. Der Schnee unter seinen Füßen schmolz plötzlich dahin, und rund um ihn herum verschwand jede einzelne Schneeflocke. Die Menschen auf dem Weihnachtsmarkt hörten auf zu lachen, und Max sah sich erschrocken um. Kein Schnee mehr! Nur matschiger Boden blieb zurück, und das ganze Weihnachtsgefühl schien mit dem Schnee verschwunden zu sein.

Max wurde mulmig zumute. Ohne den Schnee war der Weihnachtsmarkt nicht mehr derselbe. Kinder hörten auf, Schneemänner zu bauen, und die Erwachsenen sahen besorgt aus. Was hatte er bloß getan?

Er eilte zurück zum Stand des alten Mannes und rief verzweifelt: „Bitte, können Sie mir helfen, den Schnee zurückzubringen? Ich habe einen schrecklichen Fehler gemacht!"

Der alte Mann lächelte sanft. „Nun, Max, du hast die Magie selbst freigelassen, also musst du auch selbst dafür sorgen, dass sie zurückkommt. Nur wenn du einen wirklich selbstlosen Wunsch hast, wird der Schnee zurückkehren."

Max dachte nach und schloss die Augen. Tief in seinem Herzen wusste er, was er sich wirklich wünschte. Er nahm die kleine Schneeflocke noch einmal in die Hand und sagte: „Ich wünsche mir, dass alle auf dem Weihnachtsmarkt ein frohes und schneereiches Weihnachten haben."

Kaum hatte er diese Worte ausgesprochen, begann es um ihn herum wieder sanft zu schneien. Die Menschen jubelten, Kinder lachten und spielten wieder im Schnee, und der Weihnachtszauber war zurück.

Max fühlte sich unglaublich glücklich, als seine Familie ihn schließlich fand und ihn in eine warme Umarmung zog. Er hatte etwas Wichtiges gelernt: Manchmal ist es am schönsten, anderen eine Freude zu machen – und der wahre Zauber von Weihnachten liegt im Glück, das wir miteinander teilen.

Max and the Christmas Market Magic

It was a cold, clear December night, and Max could hardly contain his excitement. Tonight, he was going to the Christmas market with his family—his absolute favorite event of the year! The lights sparkled, the scent of gingerbread and roasted apples filled the air, and everywhere, cheerful music and laughter echoed.

When they arrived at the Christmas market, Max couldn't resist the urge to wander off a bit on his own. He promised his mother he wouldn't go far, and soon he was happily exploring the stalls. There were hand-carved wooden animals, shiny Christmas ornaments, and even a tiny train that chugged around a miniature Christmas tree.

Suddenly, behind a large gingerbread stand, Max discovered a small, unassuming stall he had never seen before. The stand was decorated with lights and bells that jingled softly as Max approached. An old, friendly man with a white beard and a red scarf smiled at him.

"Welcome, Max," the man said mysteriously. "Would you like a little magic?"

Max gasped. How did the man know his name? But before he could think about it, he saw the toys on the stand: glittering snow globes, tiny trumpets, dolls, and small wooden figures that looked almost alive.

"Each of these toys can grant you a little wish," the man explained with a wink. "But be careful with your wishes!"

Max giggled and chose a tiny toy snowflake. "I wish I could win a giant snowball fight!" he whispered, squeezing the snowflake tightly.

As if by magic, he was suddenly surrounded by snowballs that flew through the air and hit him perfectly without him having to do anything. He laughed and reveled in the magic—until he finally lay on the ground, exhausted and giggling.

But Max couldn't stop! Next, he picked up a small, glittering lantern. "I wish all the lights at the market shone brighter!" he declared, holding the lantern high. Suddenly, all the lights around him became so bright that the entire market glowed as if it were daytime. People applauded and cheered, and Max felt like a real magician.

However, Max then made a mistake. He looked around and picked up a tiny white figure in the shape of a snowman. Without thinking too much, he whispered, "I wish all the snow would go away!"

In that moment, everything went silent. The snow beneath his feet suddenly melted away, and every single snowflake around him vanished. The laughter of the people at the Christmas market stopped, and Max looked around in shock. No more snow! Only muddy ground remained, and the entire Christmas spirit seemed to have disappeared with the snow.

Max felt a pang of unease. Without the snow, the Christmas market was no longer the same. Children stopped building snowmen, and the adults looked worried. What had he done?

He hurried back to the old man's stall and cried out desperately, "Please, can you help me bring back the snow? I've made a terrible mistake!"

The old man smiled gently. "Well, Max, you've unleashed the magic yourself, so you must also bring it back. Only if you have a truly selfless wish will the snow return."

Max thought hard and closed his eyes. Deep in his heart, he knew what he really wished for. He took the little snowflake in his hand once more and said, "I wish for everyone at the Christmas market to have a joyful and snowy Christmas."

No sooner had he spoken those words than it began to snow gently around him again. People cheered, children laughed, and played in the snow, and the Christmas magic was back.

Max felt incredibly happy when his family finally found him and pulled him into a warm embrace. He had learned something important: sometimes the greatest joy comes from making others happy—and the true magic of Christmas lies in the happiness we share together.

Lotte und der Nussknacker

Es war der Abend der großen Baumschmück-Feier, die jedes Jahr in Lottes Familie stattfand. Alle Verwandten kamen zusammen, um den Weihnachtsbaum mit Lichtern, bunten Kugeln und funkelndem Lametta zu schmücken. Doch dieses Jahr hatte Lotte eine ganz besondere Überraschung erhalten: Einen handgeschnitzten Nussknacker!

Der Nussknacker hatte ein lustiges Gesicht mit großen Augen, einem breiten Lächeln und einer kleinen roten Mütze. Lotte konnte kaum glauben, dass er nur ein Spielzeug war – es fühlte sich fast so an, als würde er sie anlächeln.

„Pass gut auf deinen Nussknacker auf, Lotte," sagte ihr Großvater mit einem geheimnisvollen Lächeln. „Er hat mehr Magie, als du dir vorstellen kannst."

Lotte stellte den Nussknacker auf den Tisch neben ihrem Bett, sodass sie ihn vor dem Einschlafen ansehen konnte. „Gute Nacht, Herr Nussknacker," flüsterte sie, bevor sie die Augen schloss.

In der tiefen, stillen Nacht jedoch hörte Lotte plötzlich ein leises Klappern. Sie öffnete vorsichtig die Augen und sah – wie konnte das sein? – ihren Nussknacker, der sich bewegte! Er stand auf und zwinkerte ihr zu. „Lotte," flüsterte er, „wir brauchen deine Hilfe! Der Mäusekönig plant etwas Schreckliches."

Lotte rieb sich die Augen. „Der Mäusekönig?"

Der Nussknacker nickte ernst. „Ja, der böse Mäusekönig will alle Weihnachtsplätzchen in der Stadt stehlen! Er glaubt, dass er dadurch die ganze Weihnachtsfreude nehmen kann. Wir müssen ihn aufhalten!"

Ohne zu zögern sprang Lotte aus dem Bett. „Ich helfe dir, Herr Nussknacker! Lass uns den Mäusekönig finden und die Plätzchen retten!"

Zusammen machten sich Lotte und der Nussknacker auf eine magische Reise durch die Nacht. Sie liefen durch verschneite Straßen und schlüpften durch kleine Geheimgänge, bis sie schließlich den geheimen Eingang zur unterirdischen Festung des Mäusekönigs fanden.

Dort, tief im Inneren, hörten sie ein schreckliches Lachen und das Kratzen kleiner Krallen. Der Mäusekönig stand auf einem Berg aus Weihnachtsplätzchen, die er bereits gestohlen hatte. Die köstlich duftenden Lebkuchen, Zimtsterne und Vanillekipferl waren alle dort! Lotte und der Nussknacker sahen sich an und wussten, dass sie etwas unternehmen mussten.

„Du lenkst ihn ab, und ich hole die Plätzchen zurück!" flüsterte der Nussknacker.

Lotte nickte mutig und trat nach vorne. „He, Mäusekönig!" rief sie. „Was glaubst du eigentlich, wer du bist?"

Der Mäusekönig drehte sich um und fauchte. „Wer wagt es, mich herauszufordern?"

Während der Mäusekönig auf Lotte zutrappte, schlich der Nussknacker leise zu dem Plätzchen-Berg und begann, so viele wie möglich in seine Tasche zu stopfen. Lotte hielt den Mäusekönig mit schlauen Fragen und lustigen Sprüchen abgelenkt und versuchte, ihm keine Angst zu zeigen.

Als der Mäusekönig schließlich bemerkte, was der Nussknacker tat, war es zu spät. Lotte und der Nussknacker hatten alle Plätzchen geschnappt und rannten so schnell sie konnten davon. Der Mäusekönig jagte ihnen hinterher, aber sie waren schneller und kletterten durch die geheimen Gänge zurück an die Oberfläche.

Zurück in der Stadt verteilten sie die Plätzchen an alle Häuser, damit die Kinder am Morgen ihre Weihnachtsfreude zurückerhalten konnten. Der Nussknacker lächelte Lotte an und sagte: „Du hast mir geholfen, Lotte. Ohne deine Tapferkeit und deinen Verstand hätten wir es nicht geschafft."

Als der Morgen anbrach, erwachte Lotte in ihrem Bett und sah ihren Nussknacker auf dem Nachttisch. War das alles ein Traum gewesen? Doch dann roch sie den süßen Duft von frischen Weihnachtsplätzchen, die ihre Mutter in der Küche backte.

Lächelnd flüsterte Lotte: „Danke, Herr Nussknacker. Frohe Weihnachten!"

Lotte and the Nutcracker

It was the evening of the big tree-decorating party that took place every year in Lotte's family. All the relatives gathered together to decorate the Christmas tree with lights, colorful ornaments, and sparkling tinsel. But this year, Lotte had received a very special surprise: a hand-carved nutcracker!

The nutcracker had a funny face with big eyes, a wide smile, and a little red hat. Lotte could hardly believe that it was just a toy—it almost felt like it was smiling at her.

"Take good care of your nutcracker, Lotte," her grandfather said with a mysterious smile. "He has more magic than you can imagine."

Lotte placed the nutcracker on the table next to her bed so she could look at it before falling asleep. "Good night, Mr. Nutcracker," she whispered before closing her eyes.

In the deep, quiet night, however, Lotte suddenly heard a soft clattering. She cautiously opened her eyes and saw—how could it be?—her nutcracker was moving! He stood up and winked at her. "Lotte," he whispered, "we need your help! The Mouse King is planning something terrible."

Lotte rubbed her eyes. "The Mouse King?"

The nutcracker nodded seriously. "Yes, the evil Mouse King wants to steal all the Christmas cookies in the city! He believes that by doing so, he can take away all the Christmas joy. We must stop him!"

Without hesitating, Lotte jumped out of bed. "I'll help you, Mr. Nutcracker! Let's find the Mouse King and save the cookies!"

Together, Lotte and the nutcracker embarked on a magical journey through the night. They ran through snow-covered streets and slipped through little secret passages until they finally found the hidden entrance to the Mouse King's underground fortress.

There, deep inside, they heard a terrible laugh and the scratching of tiny claws. The Mouse King stood on a mountain of Christmas cookies that he had already stolen. The deliciously scented gingerbread, cinnamon stars, and vanilla crescent cookies were all there! Lotte and the nutcracker exchanged glances, knowing they had to do something.

"You distract him, and I'll grab the cookies back!" whispered the nutcracker.

Lotte nodded bravely and stepped forward. "Hey, Mouse King!" she shouted. "Who do you think you are?"

The Mouse King turned around and snarled. "Who dares to challenge me?"

As the Mouse King charged toward Lotte, the nutcracker quietly crept over to the mountain of cookies and began stuffing as many as he could into his bag. Lotte kept the Mouse King distracted with clever questions and funny quips, trying not to show her fear.

When the Mouse King finally realized what the nutcracker was doing, it was too late. Lotte and the nutcracker had grabbed all the cookies and ran away as fast as they could. The Mouse King chased after them, but they were faster and climbed through the secret passages back to the surface.

Back in the city, they distributed the cookies to all the houses so that the children could get their Christmas joy back in the morning. The nutcracker smiled at Lotte and said, "You helped me, Lotte. Without your bravery and cleverness, we wouldn't have succeeded."

As morning broke, Lotte awoke in her bed and saw her nutcracker on the nightstand. Had it all been a dream? But then she smelled the sweet aroma of fresh Christmas cookies that her mother was baking in the kitchen.

Smiling, Lotte whispered, "Thank you, Mr. Nutcracker. Merry Christmas!"

Felix und die verschwundenen Stiefel

Es war der Morgen des Nikolaustags, und Felix konnte es kaum erwarten, aus dem Bett zu springen. Er hatte seine Stiefel am Abend zuvor sorgfältig geputzt und vor die Tür gestellt, wie es der Brauch verlangte. Er war sich sicher, dass der Nikolaus ihm Schokolade, Nüsse und eine Orange hinterlassen hatte – genau wie jedes Jahr!

Doch als er die Haustür öffnete, fand er – nichts. Seine Stiefel waren leer! Verwundert sah er sich um und bemerkte, dass alle anderen Kinder in der Nachbarschaft freudig ihre gefüllten Stiefel bewunderten. Da war Schokolade, Spielzeug, und sogar glänzende Äpfel. Aber in seinen Stiefeln: kein einziges Bonbon!

Felix fühlte sich erst traurig und dann ein bisschen wütend. Warum war er vergessen worden? Er war sich sicher, dass er das ganze Jahr über brav gewesen war! Doch je länger er darüber nachdachte, desto neugieriger wurde er. Vielleicht war da mehr dahinter als nur ein Versehen. Also beschloss Felix, die Sache selbst in die Hand zu nehmen und herauszufinden, was mit seinen Nikolaus-Geschenken passiert war.

Er zog sich warm an und machte sich auf den Weg in den Wald, der am Rande des Dorfes lag. Vielleicht war der Nikolaus in der Nacht dort unterwegs gewesen, und vielleicht hatte er einen Hinweis hinterlassen.

Felix stapfte durch den Schnee, als er plötzlich kleine, seltsame Fußspuren entdeckte, die nicht von einem Tier zu stammen schienen. Die Spuren führten tiefer in den Wald, und Felix folgte ihnen neugierig, bis er zu einer kleinen Lichtung kam.

Dort, unter einer dicken Tanne, fand er das Unvorstellbare: einen kleinen Tisch, bedeckt mit Schokolade, Nüssen, Orangen und anderem Nikolausgebäck! Doch das Überraschendste war das Wesen, das all die Leckereien eifrig ordnete – ein winziges, pelziges Waldbewohner, mit großen, funkelnden Augen und einem Hut aus Tannenzweigen.

„He!", rief Felix erstaunt. „Was machst du da? Diese Leckereien gehören den Kindern im Dorf!"

Das Wesen zuckte zusammen und sah Felix erschrocken an. „Oh, bitte sei nicht böse!", piepste es. „Ich bin Flix, und ich wollte den Waldtieren eine eigene Nikolausfeier schenken. Jedes Jahr sehe ich die Menschenkinder mit ihren Schätzen, und dieses Mal dachte ich, die Tiere im Wald könnten auch etwas Freude gebrauchen."

Felix verstand jetzt, warum seine Stiefel leer geblieben waren. Flix hatte die Leckereien für die Tiere „geliehen"! Und obwohl Felix kurz enttäuscht war, konnte er Flix' Absicht gut nachvollziehen. Schließlich mochte er es auch, Freude zu teilen.

„Nun, Flix," sagte Felix schließlich und lächelte, „ich habe eine Idee. Was, wenn wir die Nikolausfreude teilen? Die Waldtiere könnten ein paar Leckereien behalten, und wir bringen den Rest zurück zu den Kindern im Dorf. So haben alle etwas davon."

Flix' Augen leuchteten vor Freude. „Oh, das wäre wunderbar! Ich wollte niemandem den Nikolaustag verderben. Danke, Felix!"

Gemeinsam sammelten Felix und Flix einige der Leckereien für die Waldfeier ein und packten den Rest für die Rückkehr ins Dorf. Flix rief seine Freunde zusammen – kleine Hasen, Eichhörnchen und sogar ein paar Rehe – und alle freuten sich über die süße Überraschung, die Felix ihnen ermöglichte.

Dann machten sich Felix und Flix auf den Weg zurück ins Dorf, und Flix half ihm dabei, die restlichen Leckereien unbemerkt in die Stiefel der Kinder zurückzubringen. Niemand bemerkte, was in der Nacht geschehen war, aber alle waren glücklich, als sie ihre vollen Stiefel entdeckten.

Bevor sie sich verabschiedeten, zwinkerte Flix Felix noch einmal zu und sagte: „Danke, Felix. Du hast heute Freude für alle gebracht. Vielleicht könnten wir nächstes Jahr wieder zusammen eine Nikolausfeier für den Wald und das Dorf veranstalten?"

Felix lachte und nickte. „Das wäre wunderbar, Flix. Bis nächstes Jahr und frohen Nikolaustag!"

Und so kehrte Felix, erfüllt von neuer Freundschaft und Freude, nach Hause zurück. Von diesem Tag an wusste er, dass die wahre Magie von Nikolaus darin lag, Freude zu teilen – mit Freunden, Familie und auch mit den Wesen des Waldes.

Felix and the Missing Boots

It was the morning of St. Nicholas Day, and Felix could hardly wait to jump out of bed. He had carefully cleaned his boots the night before and placed them outside the door, as was the tradition. He was sure that St. Nicholas had left him chocolate, nuts, and an orange—just like every year!

But when he opened the front door, he found—nothing. His boots were empty! Confused, he looked around and noticed that all the other children in the neighborhood were happily admiring their filled boots. There was chocolate, toys, and even shiny apples. But in his boots: not a single candy!

Felix first felt sad and then a bit angry. Why had he been forgotten? He was sure he had been good all year long! But the more he thought about it, the more curious he became. Perhaps there was more to it than just an oversight. So Felix decided to take matters into his own hands and find out what had happened to his St. Nicholas gifts.

He dressed warmly and set off for the forest at the edge of the village. Maybe St. Nicholas had been wandering there during the night, and perhaps he had left a clue.

As Felix trudged through the snow, he suddenly spotted small, strange footprints that didn't seem to belong to any animal. The tracks led deeper into the forest, and Felix curiously followed them until he came to a small clearing.

There, under a thick pine tree, he found the unbelievable: a little table covered with chocolate, nuts, oranges, and other St. Nicholas treats! But the most surprising thing was the creature eagerly arranging all the goodies—a tiny, furry woodland creature with big, sparkling eyes and a hat made of pine branches.

"Hey!" Felix exclaimed in astonishment. "What are you doing? Those treats belong to the children in the village!"

The creature jumped and looked at Felix in fright. "Oh, please don't be angry!" it squeaked. "I'm Flix, and I wanted to throw a special St. Nicholas celebration for the woodland animals. Every year, I see the human children with their treasures, and this time I thought the animals in the forest could use some joy too."

Felix now understood why his boots had been empty. Flix had "borrowed" the treats for the animals! And although Felix felt a little disappointed at first, he could relate to Flix's good intentions. After all, he also enjoyed sharing joy.

"Well, Flix," Felix finally said with a smile, "I have an idea. What if we share the St. Nicholas joy? The woodland animals can keep some treats, and we'll bring the rest back to the children in the village. That way, everyone gets something."

Flix's eyes sparkled with joy. "Oh, that would be wonderful! I didn't want to ruin anyone's St. Nicholas Day. Thank you, Felix!"

Together, Felix and Flix gathered some of the treats for the woodland celebration and packed the rest for their return to the village. Flix called his friends together—little rabbits, squirrels, and even a few deer—and they all rejoiced at the sweet surprise Felix had brought them.

Then Felix and Flix made their way back to the village, and Flix helped him secretly return the remaining treats to the children's boots. No one noticed what had happened during the night, but everyone was happy when they discovered their filled boots.

Before they said goodbye, Flix winked at Felix and said, "Thank you, Felix. You brought joy to everyone today. Maybe next year we can organize a St. Nicholas celebration for both the forest and the village together?"

Felix laughed and nodded. "That would be wonderful, Flix. Until next year, and happy St. Nicholas Day!"

And so, Felix returned home, filled with new friendship and joy. From that day on, he knew that the true magic of St. Nicholas lay in sharing joy—with friends, family, and even the creatures of the forest.

Emma und die verschwundenen Weihnachtslieder

Emma liebte die Weihnachtszeit. Besonders das Singen der schönen alten Weihnachtslieder erfüllte sie jedes Jahr mit Freude. In ihrem kleinen Dorf versammelten sich die Menschen traditionell am Marktplatz, um zusammen die festlichen Lieder anzustimmen und die weihnachtliche Stimmung zu genießen. Doch dieses Jahr war alles anders.

Am ersten Adventssonntag lief Emma aufgeregt zum Marktplatz, bereit, die ersten Weihnachtslieder zu singen. Doch als sie ankam, stand die Dorfbevölkerung nur still beisammen, und niemand sang. Verwirrt fragte Emma die anderen Dorfbewohner: „Warum singen wir nicht? Wo sind die Lieder?"

Alle sahen sie ratlos an und schüttelten den Kopf. „Ich erinnere mich an kein einziges Weihnachtslied," murmelte Frau Müller, die sonst die Lauteste beim Singen war. Auch die Kinder schienen die Lieder vergessen zu haben.

Emma war verzweifelt. Wie konnte das sein? Die Weihnachtslieder gehörten doch genauso zur Weihnachtszeit wie der Christbaum und die Plätzchen. Entschlossen machte sich Emma auf die Suche nach einer Antwort.

Zu Hause durchstöberte sie den alten Dachboden nach Büchern oder Notizen, die vielleicht die Weihnachtslieder enthielten. Nach einer Weile fand sie ein geheimnisvolles, staubiges Buch, das sie noch nie zuvor gesehen hatte. Auf dem Einband stand in goldenen Lettern: Die Geheimnisse der Weihnachtslieder.

Neugierig schlug Emma das Buch auf und entdeckte eine alte Legende. Darin stand, dass tief im Schwarzwald ein mürrischer Schneegeist lebte. Dieser Geist, so erzählte das Buch, hatte eine Abneigung gegen Musik und Freude. Wenn ihm das Singen und Feiern der Menschen zu viel wurde, stahl er die Lieder und verbarg sie im Herzen des Waldes, damit niemand sie finden konnte.

Emma verstand nun, was geschehen war: Der Schneegeist hatte die Weihnachtslieder entführt! Doch sie würde es nicht zulassen, dass die Musik für immer verloren ging. Mutig zog sie eine dicke Jacke an, schnappte sich eine Taschenlampe und machte sich auf den Weg in den Schwarzwald.

Es war bereits dunkel, und die hohen Bäume warfen lange Schatten auf den schneebedeckten Boden. Doch Emma ließ sich nicht einschüchtern. Sie folgte den Spuren im Schnee und sang leise die wenigen Textzeilen, an die sie sich noch erinnerte. Die Worte gaben ihr Mut und führten sie tiefer in den Wald hinein.

Nach einer langen Wanderung kam Emma schließlich zu einer versteckten Lichtung. Dort, mitten im Schnee, stand der griesgrämige Schneegeist. Er war ein großer, eisiger Gestalt mit glitzernden Augen und einer Mütze aus Schneeflocken. Als er Emma erblickte, verzog er sein Gesicht.

„Warum störst du mich, kleines Mädchen?" brummte er. „Ich habe die Lieder genommen, weil ich die laute Musik nicht mehr ertragen konnte!"

Emma schluckte, aber dann sagte sie tapfer: „Die Lieder gehören zu Weihnachten, und ohne sie fehlt uns allen etwas ganz Besonderes. Die Menschen im Dorf sind traurig und spüren, dass etwas fehlt. Bitte, gib uns die Lieder zurück."

Der Schneegeist schaute sie misstrauisch an. „Und was habe ich davon?" fragte er.

Emma dachte kurz nach und sagte dann: „Vielleicht könnten wir dir zeigen, wie schön die Musik ist und dass sie uns alle verbindet. Wenn du willst, singe ich ein Lied nur für dich."

Der Geist seufzte und schüttelte den Kopf. „Ein Lied? Für mich? Na gut, aber nur dieses eine."

Emma begann leise zu singen. Es war ein altes, sanftes Weihnachtslied, das von Frieden und Hoffnung handelte. Ihre Stimme hallte durch den Wald, und nach und nach schmolz der griesgrämige Ausdruck des Schneegeistes dahin. Etwas in seinen eisigen Augen schien sich zu verändern.

Als Emma das Lied beendet hatte, sah der Geist sie lange an und murmelte dann: „Vielleicht habe ich die Musik zu schnell verurteilt. Du hast recht – es ist schön, wenn sie Menschen zusammenbringt."

Mit einer knappen Handbewegung ließ er die Lieder frei. Ein sanfter Windstoß wehte, und Emma spürte, wie die Melodien und Texte der Weihnachtslieder wieder zurückkehrten, als würden sie durch den Wald nach Hause fliegen.

Dankbar bedankte sich Emma beim Schneegeist und versprach ihm, dass die Dorfbewohner von nun an auch leise Lieder singen würden, um den Frieden im Wald zu bewahren. Der Geist nickte und lächelte zum ersten Mal ein wenig, bevor er in einer Schneeflocke verschwand.

Zurück im Dorf erzählte Emma den anderen von ihrem Abenteuer und stimmte das erste Weihnachtslied an. Langsam fingen auch die anderen Dorfbewohner an, mitzusingen. Bald erfüllte der Klang der vertrauten Melodien den Marktplatz, und das ganze Dorf war erfüllt von weihnachtlicher Freude.

Von diesem Tag an vergaß niemand mehr die Lieder, und jedes Jahr zur Weihnachtszeit erinnerte sich Emma an den Schneegeist, der im Herzen des Schwarzwaldes lebte.

Emma and the Missing Christmas Carols

Emma loved the Christmas season. Especially the singing of the beautiful old Christmas carols filled her with joy every year. In her small village, the townspeople traditionally gathered in the marketplace to sing festive songs together and enjoy the Christmas spirit. But this year, everything was different.

On the first Sunday of Advent, Emma excitedly ran to the marketplace, ready to sing the first Christmas carols. But when she arrived, the villagers were standing silently together, and no one was singing. Confused, Emma asked the other villagers, "Why aren't we singing? Where are the songs?"

Everyone looked at her in bewilderment and shook their heads. "I can't remember a single Christmas carol," murmured Mrs. Müller, who was usually the loudest singer. The children also seemed to have forgotten the songs.

Emma was desperate. How could this be? The Christmas carols were just as much a part of Christmas as the Christmas tree and cookies. Determined, Emma set out to find an answer.

At home, she rummaged through the old attic for books or notes that might contain the Christmas carols. After a while, she found a mysterious, dusty book she had never seen before. On the cover were the golden letters: The Secrets of Christmas Carols.

Curious, Emma opened the book and discovered an old legend. It said that deep in the Black Forest lived a grumpy snow spirit. This spirit, the book told, had a dislike for music and joy. When the singing and celebrating of people became too much for him, he stole the songs and hid them in the heart of the forest so that no one could find them.

Emma now understood what had happened: the snow spirit had kidnapped the Christmas carols! But she would not allow the music to be lost forever. Bravely, she put on a thick jacket, grabbed a flashlight, and set off for the Black Forest.

It was already dark, and the tall trees cast long shadows on the snow-covered ground. But Emma was not intimidated. She followed the footprints in the snow and quietly sang the few lines she could still remember. The words gave her courage and led her deeper into the forest.

After a long hike, Emma finally came to a hidden clearing. There, in the middle of the snow, stood the grumpy snow spirit. He was a large, icy figure with sparkling eyes and a hat made of snowflakes. When he saw Emma, he grimaced.

"Why are you bothering me, little girl?" he grumbled. "I took the songs because I couldn't stand the loud music anymore!"

Emma swallowed but then said bravely, "The songs are part of Christmas, and without them, we all miss something very special. The people in the village are sad and feel that something is missing. Please, give us back the songs."

The snow spirit looked at her suspiciously. "And what do I get out of it?" he asked.

Emma thought for a moment and then said, "Maybe we can show you how beautiful music is and that it connects us all. If you want, I'll sing a song just for you."

The spirit sighed and shook his head. "A song? For me? Fine, but only this one."

Emma began to sing softly. It was an old, gentle Christmas carol about peace and hope. Her voice echoed through the forest, and gradually, the grumpy expression on the snow spirit's face melted away. Something in his icy eyes seemed to change.

When Emma finished the song, the spirit looked at her for a long time and then murmured, "Maybe I judged music too quickly. You're right – it's beautiful when it brings people together."

With a quick gesture, he set the songs free. A gentle breeze blew, and Emma felt the melodies and lyrics of the Christmas carols returning, as if they were flying back home through the forest.

Gratefully, Emma thanked the snow spirit and promised him that the villagers would now also sing softly to maintain peace in the forest. The spirit nodded and smiled a little for the first time before disappearing in a snowflake.

Back in the village, Emma told everyone about her adventure and started singing the first Christmas carol. Slowly, the other villagers began to join in. Soon, the sound of the familiar melodies filled the marketplace, and the entire village was filled with Christmas joy.

From that day on, no one ever forgot the songs again, and every year during the Christmas season, Emma remembered the snow spirit who lived in the heart of the Black Forest.

Die kleine Anna und das Weihnachtswunder

Die kleine Anna wohnte mit ihrer Familie in einem kleinen Dorf am Rande des Waldes. Ihre Familie hatte es dieses Jahr nicht leicht, und Anna hatte bemerkt, dass Mama und Papa oft besorgt miteinander sprachen. Die Weihnachtszeit war gekommen, aber Anna wusste, dass sie keine Geschenke erwarten konnte. Doch trotzdem wünschte sie sich ein kleines Weihnachtswunder.

Am Heiligabend ging Anna nach draußen, um etwas frische Luft zu schnappen. Dick eingepackt in Schal und Mütze stapfte sie durch den Schnee und betrachtete die kleinen Holzhäuser, die im warmen Licht der Weihnachtsbeleuchtung schimmerten. Während sie durch die Straßen wanderte, entdeckte sie einen alten Mann, der allein auf einer Bank saß und sich die Hände wärmte.

„Guten Abend, mein Kind," sagte der Mann und lächelte freundlich. „Du siehst aus, als ob du gutherzig bist. Könntest du mir vielleicht einen kleinen Gefallen tun?"

Anna nickte sofort. „Natürlich, Herr! Was kann ich für Sie tun?"

Der alte Mann zeigte auf eine kleine Tasche zu seinen Füßen. „Ich habe einige Geschenke für die Kinder im Dorf, aber meine Beine sind schwach geworden. Könntest du sie für mich verteilen?"

Anna war überrascht. „Ja, natürlich! Ich mache das gerne."

Der alte Mann reichte ihr die Tasche, und Anna spürte sofort die Wärme, die von ihr ausging, als hätte die Tasche etwas Magisches. Sie nahm sie vorsichtig und begann ihre Runde durch das Dorf. Sie klopfte an die Türen und übergab jedem Kind ein kleines hölzernes Spielzeug. Ein hölzernes Pferdchen für Paul, ein kleiner Trommler für Marie und eine geschnitzte Puppe für Lina. Die Freude in den Gesichtern der Kinder machte Anna glücklich.

Als sie das letzte Geschenk überreicht hatte, kehrte sie zurück zur Bank, doch der alte Mann war verschwunden. Stattdessen lag dort ein kleiner Zettel, auf dem stand: „Danke, Anna. Du hast das wahre Weihnachtswunder gebracht."

Verwirrt drehte sich Anna um und sah, dass sie nun auf direktem Weg zu ihrem eigenen Haus ging, ohne es bewusst bemerkt zu haben. Als sie die Tür öffnete, roch es drinnen nach frisch gebackenen Weihnachtsplätzchen, und ihre Eltern lächelten sie herzlich an.

„Schau mal, Anna," sagte ihre Mutter und zeigte auf den kleinen Tannenbaum in der Ecke. Darunter lagen plötzlich kleine Geschenke, wunderschön eingepackt in glänzendes Papier.

Anna starrte erstaunt auf die Geschenke. „Aber... woher kommen die?"

Ihr Vater legte ihr eine Hand auf die Schulter. „Vielleicht hat der Weihnachtsmann uns dieses Jahr ein wenig extra Freude geschenkt."

Anna dachte an den alten Mann und lächelte. Sie wusste tief in ihrem Herzen, dass sie heute Abend etwas Besonderes erlebt hatte, das weit über Geschenke hinausging.

Am nächsten Tag sprach das ganze Dorf von der geheimnisvollen Begegnung mit dem alten Mann und den wundersamen Geschenken, die den Kindern Freude brachten. Anna behielt ihr kleines Geheimnis, aber jedes Mal, wenn sie an Weihnachten dachte, fühlte sie die Wärme und das Licht, das dieser besondere Abend ihr geschenkt hatte.

Von diesem Tag an wusste Anna, dass das wahre Weihnachtswunder darin besteht, Freude zu teilen und anderen zu helfen – und dass Liebe und Güte die wertvollsten Geschenke sind, die man erhalten kann.

Little Anna and the Christmas Miracle

Little Anna lived with her family in a small village on the edge of the woods. This year, her family had been facing tough times, and Anna noticed that Mama and Papa often spoke to each other with concern. Christmas had arrived, but Anna knew she couldn't expect any presents. Still, she wished for a little Christmas miracle.

On Christmas Eve, Anna went outside to get some fresh air. Bundled up in her scarf and hat, she trudged through the snow and admired the little wooden houses glowing warmly in the Christmas lights. As she wandered through the streets, she spotted an old man sitting alone on a bench, warming his hands.

"Good evening, my child," said the man, smiling kindly. "You look like you have a good heart. Could you do me a little favor?"

Anna nodded immediately. "Of course, sir! What can I do for you?"

The old man pointed to a small bag at his feet. "I have some gifts for the children in the village, but my legs have grown weak. Could you help me deliver them?"

Anna was surprised. "Yes, of course! I'd be happy to help."

The old man handed her the bag, and Anna immediately felt the warmth radiating from it, as if the bag had some magical quality.

She took it carefully and began her rounds through the village. She knocked on doors and handed each child a small wooden toy: a wooden horse for Paul, a little drummer for Marie, and a carved doll for Lina. The joy on the children's faces filled Anna with happiness.

After she had delivered the last gift, she returned to the bench, but the old man was gone. Instead, she found a small note that read, "Thank you, Anna. You have brought the true Christmas miracle."

Confused, Anna turned around and realized she was now heading directly to her own house without even noticing. When she opened the door, the smell of freshly baked Christmas cookies filled the air, and her parents greeted her with warm smiles.

"Look, Anna," said her mother, pointing to the little Christmas tree in the corner. Suddenly, there were small gifts under the tree, beautifully wrapped in shiny paper.

Anna stared in amazement at the gifts. "But... where did they come from?"

Her father placed a hand on her shoulder. "Maybe Santa Claus gifted us a little extra joy this year."

Anna thought of the old man and smiled. She knew deep in her heart that she had experienced something special that evening, something far beyond presents.

The next day, the whole village buzzed with tales of the mysterious encounter with the old man and the wonderful gifts that had brought joy to the children. Anna kept her little secret, but every time she thought of Christmas, she felt the warmth and light that this special evening had given her.

From that day on, Anna understood that the true Christmas miracle lies in sharing joy and helping others—and that love and kindness are the most valuable gifts one can receive.

Paul und der geheime Adventskalender

Paul konnte es kaum erwarten, dass der Dezember begann. Jeden Morgen im Advent öffnete er ein Türchen seines Adventskalenders, und normalerweise fand er dahinter ein kleines Stück Schokolade oder eine winzige Überraschung. Aber dieses Jahr war sein Adventskalender anders.

Am 1. Dezember öffnete er das erste Türchen und fand keinen Schokoladenstern. Stattdessen lag dort ein kleiner Zettel. Neugierig entfaltete er ihn und las die Nachricht: „Finde den größten Weihnachtsbaum in der Stadt und schau genau hin."

Verwundert beschloss Paul, dem Hinweis zu folgen. Er zog seine Jacke und Mütze an und machte sich auf den Weg zum Marktplatz, wo jedes Jahr ein riesiger Weihnachtsbaum aufgestellt wurde. Der Baum war prachtvoll geschmückt mit Lichtern und glitzernden Kugeln. Unter den Zweigen entdeckte er eine kleine Schachtel, die mit einer roten Schleife verziert war. Darin lag ein winziger Holzengel und ein weiterer Zettel: „Gut gemacht, Paul! Öffne morgen das nächste Türchen."

Am nächsten Morgen öffnete Paul gespannt das zweite Türchen. Wieder kein Süßigkeitenstück, sondern ein weiterer Zettel: „Besuche die Bäckerei und frage nach dem besonderen Weihnachtsgebäck."

Paul rannte zur Bäckerei, in der der Duft von frischem Gebäck ihn sofort einhüllte. Die Bäckerin lächelte ihn an, als er von dem Zettel erzählte. „Ah, du suchst das besondere Weihnachtsgebäck? Das ist unser berühmtes Lebkuchenhaus." Sie gab ihm ein kleines Lebkuchenherz und zwinkerte ihm zu. „Es ist ein kleines Geschenk für dich, Paul."

Tag für Tag führte der geheimnisvolle Adventskalender Paul an neue Orte in der Stadt. Mal brachte er ihn zur Kirche, wo der Pfarrer ihm von der Krippe erzählte und die Bedeutung von Weihnachten erklärte. Ein anderes Mal schickte ihn der Kalender zum Haus seiner Großeltern, wo er alte Familienfotos betrachtete und Geschichten über frühere Weihnachtsfeste hörte.

Jeden Tag lernte Paul mehr über die Bedeutung von Weihnachten und die Traditionen seiner Familie und seiner Stadt. Am 24. Dezember öffnete Paul schließlich das letzte Türchen. Dieses Mal war die Nachricht kurz: „Schau unter deinem Bett."

Verwirrt rannte Paul in sein Zimmer und schaute unter sein Bett. Dort fand er ein kleines, sorgfältig verpacktes Geschenk mit einem letzten Zettel: „Weihnachten ist die Zeit des Miteinanders und der Liebe. Frohe Weihnachten, Paul!"

Vorsichtig öffnete er das Geschenk und fand darin eine kleine Schneekugel, in der ein winziger Weihnachtsbaum stand, umgeben von schneebedeckten Häusern, die seine Stadt darstellten. Paul war gerührt. Er verstand nun, dass der geheime

Adventskalender ihn auf eine besondere Reise geschickt hatte, die ihm viel mehr als nur Süßigkeiten geschenkt hatte.

Als seine Familie an Heiligabend zusammenkam, erzählte er ihnen von den Abenteuern, die der Kalender ihm beschert hatte. Gemeinsam verbrachten sie einen wunderbaren Abend, umgeben von Lichtern, Liebe und der wahren Freude des Weihnachtsfestes.

Paul and the Secret Advent Calendar

Paul could hardly wait for December to begin. Every morning during Advent, he opened a door on his Advent calendar, and usually found a small piece of chocolate or a tiny surprise behind it. But this year, his Advent calendar was different.

On December 1st, he opened the first door and found no chocolate star. Instead, there was a small note. Curious, he unfolded it and read the message: "Find the biggest Christmas tree in town and take a close look."

Puzzled, Paul decided to follow the clue. He put on his jacket and hat and headed to the town square, where a giant Christmas tree was erected every year. The tree was beautifully decorated with lights and shimmering ornaments. Under the branches, he spotted a small box adorned with a red ribbon. Inside was a tiny wooden angel and another note: "Well done, Paul! Open the next door tomorrow."

The next morning, Paul eagerly opened the second door. Again, no sweet treat, but another note: "Visit the bakery and ask for the special Christmas pastry."

Paul raced to the bakery, where the scent of fresh pastries enveloped him immediately. The baker smiled at him as he shared the note. "Ah, you're looking for the special Christmas pastry? That's our famous gingerbread house." She handed him a small gingerbread heart and winked. "It's a little gift for you, Paul."

Day by day, the mysterious Advent calendar led Paul to new places in the town. One day, it took him to the church, where the pastor told him about the nativity scene and the meaning of Christmas. Another time, the calendar sent him to his grandparents' house, where he looked at old family photos and listened to stories about past Christmas celebrations.

Every day, Paul learned more about the meaning of Christmas and the traditions of his family and his town. On December 24th, he finally opened the last door. This time, the message was short: "Look under your bed."

Confused, Paul rushed to his room and peeked under his bed. There, he found a small, carefully wrapped gift with one final note: "Christmas is a time of togetherness and love. Merry Christmas, Paul!"

Gently, he opened the gift to find a little snow globe, inside of which was a tiny Christmas tree surrounded by snow-covered houses representing his town. Paul was touched. He now understood that the secret Advent calendar had sent him on a special journey that gave him much more than just sweets.

When his family gathered on Christmas Eve, he shared with them the adventures the calendar had brought him. Together, they enjoyed a wonderful evening filled with lights, love, and the true joy of the Christmas season.

Greta und der verschwundene Weihnachtsbaum

Es war ein kalter Dezembermorgen, als Greta, ein lebhaftes Mädchen mit einer blühenden Fantasie, aufwachte und sich auf Weihnachten freute. Die ganze Familie hatte am Abend zuvor den Weihnachtsbaum geschmückt, und die bunten Lichter funkelten noch in ihrem Kopf. Doch als sie ins Wohnzimmer lief, stockte ihr der Atem: Der Weihnachtsbaum war verschwunden!

„Mama! Papa! Wo ist der Weihnachtsbaum?" rief sie panisch. Ihre Eltern kamen schnell ins Zimmer, und auch sie waren völlig verblüfft. „Das kann nicht sein! Wo könnte er nur sein?" fragte ihre Mutter.

Greta beschloss sofort, dass sie den Baum finden musste. „Ich werde meine Freunde holen!" rief sie entschlossen. Kaum eine Stunde später standen Greta, Mia und Jonas vor ihrem Haus, bereit für ein aufregendes Abenteuer.

„Wir müssen durch das Dorf gehen und nach dem Baum suchen! Vielleicht hat ihn jemand gesehen", schlug Greta vor. Die Freunde nickten eifrig, und so begaben sie sich auf ihre Suche.

Während sie durch die schneebedeckten Straßen liefen, trafen sie zuerst auf Herr Schmidt, den freundlichen Metzger. „Guten Morgen, Kinder! Was bringt euch hierher in diese Kälte?" fragte er neugierig.

„Unser Weihnachtsbaum ist verschwunden! Haben Sie ihn gesehen?" fragte Greta verzweifelt.

Herr Schmidt schüttelte den Kopf, aber sein Gesicht erhellte sich. „Nein, aber ich kann euch ein Rezept für meine köstlichen Weihnachtsplätzchen geben! Wenn ihr eure Freunde mit Leckereien erfreuen wollt, kann das helfen!" Er gab ihnen ein Stück Papier mit den Zutaten und der Anleitung, und die Kinder bedankten sich herzlich.

„Vielleicht sollten wir die Plätzchen backen, um alle zu fragen, ob sie unseren Baum gesehen haben!", schlug Mia vor.

Sie setzten ihre Suche fort und kamen zur Blumenladen von Frau Schneider. „Hallo, Kinder! Was kann ich für euch tun?", fragte sie freundlich, als sie die drei hereinkommen sah.

„Wir suchen unseren Weihnachtsbaum!", erklärte Greta. Frau Schneider lächelte. „Ich kann euch nicht helfen, aber wisst ihr, was Mistelzweig bedeutet? Er bringt Glück in der Weihnachtszeit!" Sie zeigte ihnen einen schönen Mistelzweig. „Hängt ihn über eure Tür, und vielleicht bringt es euch Glück bei der Suche!"

Die Kinder waren begeistert und hängten den Mistelzweig an die Tür von Greta. Als sie die Straße entlang gingen, sangen sie festliche Lieder, um die Nachbarn zu erfreuen und ihre Stimmung zu heben.

Die Suche dauerte den ganzen Tag, und sie sprachen mit vielen Dorfbewohnern. Doch niemand hatte den Baum gesehen. Am

Abend, erschöpft aber fröhlich, kehrten sie zu Greta nach Hause zurück.

Plötzlich kam eine Idee. „Was, wenn der Baum zurückkommt, wenn wir ihm zeigen, wie sehr wir ihn vermissen?", sagte Greta. Sie und ihre Freunde begannen, Weihnachtslieder zu singen und Weihnachtsplätzchen zu backen, während sie an den schönen Momenten mit ihrem Baum dachten.

Gerade als sie das letzte Lied sangen, hörten sie ein leises Rascheln hinter ihnen. Als sie sich umdrehten, sahen sie ihren Weihnachtsbaum, der wieder im Wohnzimmer stand! Die Lichter strahlten heller als je zuvor, und es schien, als würde der Baum selbst vor Freude leuchten.

„Wir haben dich vermisst!", rief Greta aus, als sie den Baum umarmte. Es war ein Wunder geschehen! Die Freunde lachten und tanzten um den Baum, glücklich, dass sie den wahren Geist von Weihnachten entdeckt hatten – die Freude der Gemeinschaft und das Teilen von Traditionen.

Greta and the Missing Christmas Tree

It was a cold December morning when Greta, a lively girl with a vivid imagination, woke up excited for Christmas. The whole family had decorated the Christmas tree the night before, and the colorful lights sparkled still in her mind. But when she rushed into the living room, her breath caught in her throat: the Christmas tree was gone!

"Mom! Dad! Where is the Christmas tree?" she cried in panic. Her parents quickly came into the room, equally bewildered. "This can't be! Where could it possibly be?" her mother asked.

Greta immediately decided that she had to find the tree. "I'm going to get my friends!" she declared. Within an hour, Greta, Mia, and Jonas stood in front of her house, ready for an exciting adventure.

"We have to go through the village and look for the tree! Maybe someone has seen it," Greta suggested. The friends eagerly nodded, and off they went on their quest.

As they trudged through the snow-covered streets, they first encountered Mr. Schmidt, the friendly butcher. "Good morning, kids! What brings you out here in this cold?" he asked curiously.

"Our Christmas tree is missing! Have you seen it?" Greta asked desperately.

Mr. Schmidt shook his head, but his face lit up. "No, but I can give you a recipe for my delicious Christmas cookies! If you want to treat your friends to some goodies, that could help!" He handed them a piece of paper with the ingredients and instructions, and the children thanked him heartily.

"Maybe we should bake the cookies to ask everyone if they've seen our tree!" Mia suggested.

They continued their search and arrived at Mrs. Schneider's flower shop. "Hello, kids! What can I do for you?" she asked kindly as the three entered.

"We're looking for our Christmas tree!" Greta explained. Mrs. Schneider smiled. "I can't help you, but do you know what mistletoe means? It brings luck during Christmas!" She showed them a beautiful mistletoe sprig. "Hang it over your door, and maybe it will bring you luck in your search!"

The children were excited and hung the mistletoe over Greta's door. As they walked down the street, they sang festive songs to cheer up their neighbors and lift their spirits.

The search lasted all day, and they spoke with many villagers. But no one had seen the tree. In the evening, tired but cheerful, they returned to Greta's home.

Suddenly, an idea struck. "What if the tree comes back when we show it how much we miss it?" Greta said. She and her friends began to sing Christmas carols and bake cookies, reminiscing about the lovely moments they had with their tree.

Just as they finished their last song, they heard a soft rustling behind them. When they turned around, they saw their Christmas tree standing back in the living room! The lights sparkled brighter than ever, and it seemed as if the tree itself glowed with joy.

"We missed you!" Greta exclaimed as she hugged the tree. A miracle had happened! The friends laughed and danced around the tree, delighted to have discovered the true spirit of Christmas—the joy of community and sharing traditions.

Lukas und das Geheimnis des Weihnachtssterns

Es war ein kalter Wintermorgen, als Lukas, ein neugieriger Junge mit einer Vorliebe für Geheimnisse, im Dachboden seines Hauses eine alte Karte fand. Die Karte behauptete, zu dem legendären Weihnachtsstern zu führen, der tief im Schwarzwald verborgen war. Neugierig auf das Abenteuer, das vor ihm lag, beschloss Lukas, seine Freunde Mia und Jonas zu holen.

„Schaut mal, was ich gefunden habe! Wir müssen diesen Weihnachtsstern finden!", rief er aufgeregt und zeigte ihnen die vergilbte Karte.

„Das klingt spannend! Lass uns gehen!", sagte Mia begeistert.

Jonas, der immer bereit für ein Abenteuer war, nickte. „Wo sollen wir anfangen?"

Die drei Freunde packten ihre Rucksäcke mit Proviant, warmen Decken und einem alten Kompass, den Lukas bei seinen Großeltern gefunden hatte. Voller Vorfreude machten sie sich auf den Weg in den Schwarzwald.

Während sie durch den verschneiten Wald wanderten, hörten sie die Töne der winterlichen Natur. Plötzlich bemerkten sie eine weise alte Eule, die auf einem Ast saß. Sie hatte große, kluge Augen und schien die Kinder freundlich zu beobachten.

„Hallo, kleine Abenteurer! Was führt euch in den tiefen Wald?“, fragte die Eule.

„Wir suchen den Weihnachtsstern! Können Sie uns helfen?“, fragte Lukas.

Die Eule lächelte und sagte: „Um den Weihnachtsstern zu finden, müsst ihr ein Rätsel lösen. Hier ist es: 'Ich bin nicht von diesem Ort, aber ich bringe Licht in die Nacht. Was bin ich?'“

Die Freunde überlegten lange, und schließlich rief Mia: „Es muss der Stern sein!“

„Richtig!“, sagte die Eule erfreut. „Folgt dem Fluss, und ihr werdet den nächsten Hinweis finden.“

Dankbar für den Hinweis setzten Lukas, Mia und Jonas ihren Weg fort. Am Fluss entdeckten sie einen schelmischen Fuchs, der mit einem kleinen Stock spielte. Er schien interessiert an den drei Freunden.

„Was macht ihr hier im Wald?“, fragte der Fuchs mit einem verschmitzten Grinsen.

„Wir suchen den Weihnachtsstern!“, erklärte Jonas.

„Nun, ich könnte euch helfen, aber nur, wenn ihr mir einen Streich spielt!“, schlug der Fuchs vor.

Lukas, Mia und Jonas überlegten kurz und kamen dann mit einem cleveren Plan. Sie ließen den Fuchs glauben, dass sie in eine Falle geraten wären, und als er näher kam, sprangen sie hervor und schauten ihn mit großen Augen an.

Der Fuchs lachte herzlich. „Das war gut! Hier ist euer Hinweis: Um den Weihnachtsstern zu finden, müsst ihr Geschichten am wärmenden Feuer erzählen. Das ist der Schlüssel zu eurem Ziel!"

Dankbar für die neuen Hinweise gingen die Freunde weiter und fanden einen kleinen Platz, an dem sie ein Feuer machen konnten. Sie setzten sich und erzählten sich Geschichten über Weihnachten, ihre Wünsche und ihre schönsten Erinnerungen.

Während sie am Feuer saßen, wurde ihnen klar, dass die wahre Magie nicht nur im Finden des Weihnachtssterns lag, sondern auch in den Freundschaften und Erinnerungen, die sie auf dieser Reise geschaffen hatten.

Als die Nacht hereinbrach, sahen sie hoch in den Himmel. Ein wunderschöner Stern leuchtete hell über ihnen. „Das ist der Weihnachtsstern!", rief Lukas begeistert.

Obwohl sie ihn nicht direkt gefunden hatten, fühlten sie sich erfüllt von der Magie des Moments und der Wärme ihrer Freundschaft. Von diesem Tag an wussten sie, dass der Weihnachtsstern nicht nur ein Ort, sondern auch ein Gefühl der Freude und des Zusammenseins war.

Und so gingen Lukas, Mia und Jonas mit einem Lächeln im Herzen und einem funkelnden Weihnachtsstern in ihren Gedanken nach Hause, bereit, die Weihnachtszeit mit neuen Geschichten und Traditionen zu feiern.

Lukas and the Secret of the Christmas Star

It was a cold winter morning when Lukas, a curious boy with a penchant for mysteries, found an old map in the attic of his house. The map claimed to lead to the legendary Christmas Star hidden deep in the Black Forest. Intrigued by the adventure that lay ahead, Lukas decided to gather his friends, Mia and Jonas.

"Look what I found! We have to find this Christmas Star!" he exclaimed excitedly, showing them the yellowed map.

"That sounds exciting! Let's go!" Mia replied enthusiastically.

Jonas, who was always ready for an adventure, nodded. "Where should we start?"

The three friends packed their backpacks with supplies, warm blankets, and an old compass that Lukas had found at his grandparents' house. Full of anticipation, they set off for the Black Forest.

As they wandered through the snowy woods, they listened to the sounds of winter nature. Suddenly, they spotted a wise old owl perched on a branch. It had large, wise eyes and seemed to watch the children kindly.

"Hello, little adventurers! What brings you to the deep woods?" the owl asked.

"We're looking for the Christmas Star! Can you help us?" Lukas asked.

The owl smiled and said, "To find the Christmas Star, you must solve a riddle. Here it is: 'I am not from this place, but I bring light to the night. What am I?'"

The friends thought for a long time, and finally Mia shouted, "It must be the star!"

"Correct!" said the owl happily. "Follow the river, and you will find the next clue."

Grateful for the hint, Lukas, Mia, and Jonas continued on their way. At the river, they discovered a mischievous fox playing with a small stick. He seemed intrigued by the three friends.

"What are you doing here in the woods?" the fox asked with a sly grin.

"We're looking for the Christmas Star!" Jonas explained.

"Well, I could help you, but only if you play a trick on me!" the fox proposed.

Lukas, Mia, and Jonas thought for a moment and then came up with a clever plan. They made the fox believe they had fallen into a trap, and when he came closer, they jumped out and stared at him with wide eyes.

The fox laughed heartily. "That was good! Here's your clue: To find the Christmas Star, you must tell stories around a warming fire. That's the key to your goal!"

Thankful for the new hints, the friends continued on and found a small clearing where they could make a fire. They sat down and shared stories about Christmas, their wishes, and their fondest memories.

As they sat by the fire, they realized that the true magic lay not just in finding the Christmas Star, but also in the friendships and memories they had created along the way.

As night fell, they looked up at the sky. A beautiful star shone brightly above them. "That's the Christmas Star!" Lukas shouted excitedly.

Even though they hadn't found it directly, they felt filled with the magic of the moment and the warmth of their friendship. From that day on, they knew that the Christmas Star was not just a place but also a feeling of joy and togetherness.

And so, Lukas, Mia, and Jonas went home with smiles in their hearts and a sparkling Christmas Star in their thoughts, ready to celebrate the holiday season with new stories and traditions.